평범한 우리 어린이들을 다음 세대
위인으로 만들어 줄 교과서 위인 이야기!
효리원의 교과서 위인 이야기는 초등학교
교과 과정에 나오는 국내외 위인들을, 우리나라
최고 아동 문학가 53인이 재미있게 동화로 구성했습니다.
지혜와 용기로 위대한 삶을 산 위인들의 이야기는,
어린이들의 마음속에 '나도 할 수 있다.'는
희망의 씨앗을 심어 줄 것입니다!

일러두기

1. 띄어쓰기와 맞춤법 : 초등학교 국어 교과서와 국립국어원의 『표준국어대사전』을 기준으로 하였습니다.

2. 외래어 지명과 인명 : 국립국어원의 『외래어 표기 용례집』을 기준으로 하였습니다.

3. 이해가 어려운 단어 : ( ) 안에 뜻풀이를 하였습니다.

4. 작가 연보 : 연도와 함께 나이를 표기하고, 업적을 간략히 소개하였습니다. 우리나라 위인은 태어난 해를 한 살로 하였고, 외국 위인은 만 나이를 한 살로 하였습니다. 정확한 자료가 없는 위인은 연도와 업적만을 나타냈습니다.

5. 내용 구성 : 위인의 삶은 역사적 자료를 바탕으로 최대한 사실적으로 구성하였습니다. 그러나 읽는 재미를 위해 대화 글이나 배경 묘사, 인물의 감정 표현 등에 작가의 상상력을 가미하였습니다.

6. 그림 구성 : 문헌을 바탕으로 위인이 살던 시대를 충실히 나타내도록 하되 복식의 색상이나 장식, 소품, 건물 등은 작가의 상상으로 그렸습니다.

7. 내용 감수 : 각 분야의 전문가들로 구성된 편집 위원들이 꼼꼼히 감수를 하였습니다.

편집 위원

김용만(우리역사문화연구소장)
교과서에서 만나는 위인들을 중심으로 일화와 함께 그림과 사진을 곁들여 지루하지 않게 읽을 수 있습니다. 술술 읽다 보면 학교 공부에도 많은 도움이 될 것입니다.

신현득(동시인, 전 새싹회 회장)
우리가 자주 듣고 접하는 역사 속 실존 인물들이 자신의 꿈을 이루기 위해 어떻게 노력했는지 깨달아 가면서 우리 어린이들은 한층 더 성숙해질 것입니다.

윤재운(동북아역사재단 연구 위원)
위인전을 읽으면서 어린이들은 시대를 넘어 간접 체험을 할 수 있습니다. 어떻게 살아야 하는지 인생에 대한 동기 부여와 함께 삶이 보다 풍요로워질 것입니다.

이은경(철학 박사, 전북과학대 유아교육학과 교수)
한 사람의 인격과 품성은 어릴 때 형성됩니다. 따라서 초등학교 저학년 때

어떤 책을 읽느냐에 따라 생각의 크기가 달라집니다. 어린이의 미래를 위해 이 책은 꼭 읽어야 합니다.

이창열(하버드 대학교 물리학 박사, 전 국가과학기술자문회의 전문 위원)
세상을 바꾼 위대한 인물의 이야기는 어린이의 인성 및 감성 발달에 큰 영향을 미칠 뿐 아니라 실험 정신과 개척 정신을 길러 줍니다. 용기와 지혜로 세상을 헤쳐 나가는 당당한 어린이를 꿈꾼다면 이 책은 꼭 한번 읽어 보아야 합니다.

정재도(한글학자)
위인으로 일컬어지는 이들은 어떤 생각을 하고, 어떤 삶을 살았을까요? 그들의 흔적을 담은 위인전은 복잡한 현대를 이끌어 갈 우리 어린이들에게 나침반과 같은 역할을 할 것입니다.

조수철(서울대학교 의과대학 소아정신과 교수)
위인전은 시대와 신분, 업적이 다른 위인들의 삶이 다양하고 흥미롭게 구성되어 있어 손쉽게 여러 삶의 모습을 만날 수 있습니다. 용기 있게 고난을 헤쳐 나간 위인의 이야기를 통해 삶의 지혜를 배울 수 있을 것입니다.

건축에 공상의 즐거움을 담은 최고의 건축가

가우디

이붕 글 / 김윤조 그림

효리원
hyoreewon.com

어린 시절 특출하지도 않았고, 오히려 어느 한 면에서 부족했던 사람이 큰일을 해낸 이야기일수록 더 많은 어린이에게 꿈과 희망을 줍니다. 가우디의 어린 시절 역시 몸이 약해 결석이 잦았으며 공부에 흥미가 없었습니다. 집안 형편도 어려웠고, 아버지는 보잘것없는 구리 세공업자였습니다. 그런 가우디가 20세기 최고의 건축가가 되었습니다. 이는 가우디가 어린 시절 자연 속에서 관찰하고 상상하며 키운 독창성 덕분이었다는 걸 알게 합니다.

가우디의 건축은 살아 있으며 이야기가 넘쳐, 보는 사람에게 공상의 즐거움을 안겨 줍니다. 그는 기존의 형식에 얽매이지 않는 자신만의 철학이 있었습니다. 자연을 훼손하지 않고, 자연과 어우러지게 지어야 한다는 게 그의 신념이었습니다. 지금도 혁신적인 그의 건축이 130여 년 전 생각이라는 게 놀라울 뿐이지요.

건축 분야의 위인 이야기는 많지 않으므로, 이 책은 어린이의 관심을 끌 것입니다. 너나 나나 아이돌이 꿈인 요즘 어린이들에게 많은 생각을 하게 할 것입니다.

가우디는 개인의 행복이나 인기에 상관없이 자신이 하고 싶은 일에 힘을 쏟았습니다. 무엇인가에 골몰한다는 것은 고달프고 외롭지만, 그 꿈을 이룬다면 후세까지 길이 남겠지요.

요즈음 자기 업적으로 기록하려는 욕심 때문에 서둘러 건물을 짓다가 부실 공사를 하는 사례가 있습니다. 하지만 가우디는 자기 일생에 완공되지 않을 것을 알면서도 건축을 하였습니다. 그러한 가우디의 정신에 대해 이야기를 나누어 보기 바랍니다.

바르셀로나 하면 누구나 축구와 플라멩코를 떠올리는데, 요즘은 가우디 건축이 추가되었습니다. 또 바르셀로나는 가우디가 먹여 살린다는 말도 생겼습니다. 유네스코가 지정하는 세계 문화유산에 등록된 그의 건축물을 보려고 전 세계 관광객이 모여들기 때문입니다. 아직 짓고 있는 건물을 보려는 사람들이 건물을 한 바퀴 넘게 줄을 서는 날도 있다고 합니다. 완공되어 수입을 올리는 게 아니라 먼저 올린 수입으로 짓고 있다니 놀라운 일이지요.

워낙 허약하게 태어나 살 수나 있을지 걱정스러웠다는 가우디가 길이길이 남을 세계적인 건물을 지을 수 있었던 힘은 어디에 있었을까요?

가우디 이야기는 자라나는 우리 어린이들에게 많은 생각거리를 줄 것입니다.

글쓴이 이 봉

차 례

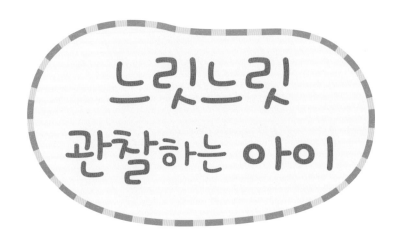

느릿느릿
관찰하는 아이

오늘도 학교에 못 간 가우디는 창틀에 기대어 바깥을 내다
보고 있었습니다.

엄마가 들어와 그런 가우디의 어깨를 감싸 안았습니다.

"우리 가우디, 어제보다는 기운이 많이 났구나!"

가우디는 돌아서 엄마 품에 안기며 말했습니다.

"엄마, 나도 친구들처럼 건강했으면 좋겠어요."

"점점 나아지고 있으니 걱정하지 마라."

엄마는 가우디가 태어나던 날을 떠올렸습니다.

'사내아이인데, 워낙 약해서 살 가망이…….'

산파가 말을 잇지 못하자 엄마는 가슴이 덜컹 내려앉았습니다. 가우디가 다섯 번째 아이지만 이미 위로 자식 둘을 잃은 터였습니다.

그때에 비하면 지금 상태도 얼마나 감사한지 모른다고 엄마는 말하곤 했습니다.

가우디가 아픈 다리를 만지며 말했습니다.

"잘 걷지 못하니까 나는 아무것도 할 수 없을 거예요."

풀이 죽은 가우디의 눈을 똑바로 들여다보며 엄마가 말했습니다.

"그렇지 않아. 하느님은 네게 특별한 일을 맡기기 위해 남보다 약하게 만드셨을 거야."

"특별한 일이요?"

"그래. 몸이 튼튼한 사람은 운동에 뛰어난 것처럼, 그렇지 못한 네가 잘할 수 있는 다른 일이 있을 거야. 그러기 위해서는 마음부터 건강해야 한단다."

"알았어요, 엄마."

엄마는 늘 성당을 찾아가 가우디를 위해 기도했습니다.

그런 엄마를 보며 가우디는 희망을 가졌고 신앙심도 자라났습니다.

가우디는 느릿느릿 움직여 집 밖으로 나왔습니다. 나뭇잎과 예쁜 꽃도 어루만지고 살금살금 다가가 벌레도 관찰했습니다. 나뭇가지와 지푸라기를 물어다 둥지를 트는 새도 지켜보았습니다. 꽁무니에서 가느다란 실을 뽑아 줄을 치는 거미도 살폈습니다. 조심조심 걸어 시냇가까지 갔습니다. 모래 사이에 둥글둥글 닳은 돌멩이도 세워 보았습니다. 친구들이 뛰어다니는 동안 가우디는 주저앉아 마음과 머리에 자연을 하나하나 담았습니다.

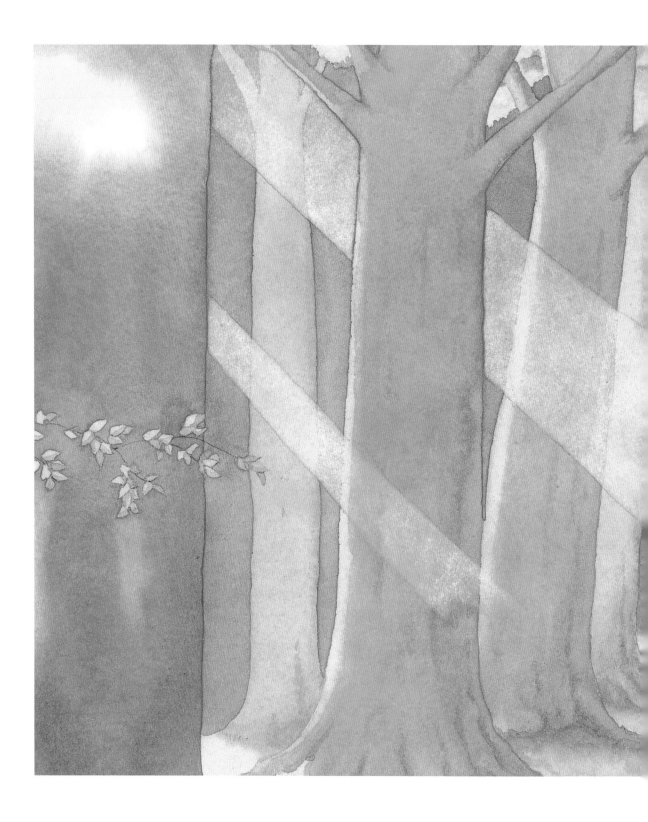

다음 날은 학교에 가기 위해 아버지가 가우디를 나귀에 태웠습니다.

"오늘은 숲속 길로 가 볼까?"

아버지는 더 많은 것을 보여 주기 위해 매번 다른 길로 접어들었습니다. 싱그러운 숲속 길은 가우디의 호기심을 끌기에 충분했습니다.

"아빠, 저기 좀 보세요!"

가우디는 나무 사이로 내리비치는 햇살을 가리켰습니다.

"집 안으로도 이렇게 멋진 햇살이 들어오면 좋겠어요!"

마음대로 돌아다니지 못하는 가우디가 가질 만한 바람이었습니다.

가우디는 학교를 오가는 길은 좋아했지만 수업은 따분해했습니다. 무조건 외워야 하는 공부보다는 자유롭게 상상하며 자연 속에서 노는 것이 더 즐거웠습니다.

몸이 약해 학교도 자주 빠지고, 아무것도 할 수 없을 것 같았던 이 아이가 바로 20세기 최고의 건축가 안토니오 가우디입니다.

안토니오 가우디는 1852년 6월 25일 에스파냐의 레우스에서 아버지 프란시스코 가우디 세라와 어머니 안토니아 코르네트 벨트란 사이에서 태어났습니다.

레우스는 카탈루냐 지방의 타라고나주에 있는 아름다운 시골이었습니다. 지중해 기후로 하늘은 푸르고 맑았으며 올리브와 아몬드가 주렁주렁 열리고 옥수수가 많이 자라는 곳이었습니다. 넓은 들판이 끝나는 곳에는 중세의 뾰족한 성탑이 보였습니다.

소질을 찾아
키우며

타다당 타다당 치이익, 또닥또닥.

대장간에서 경쾌한 소리가 울려 퍼졌습니다. 가우디의 아버지가 구리로 솥과 그릇을 만들고 있었습니다. 증조할아버지에게서 할아버지가, 다시 아버지가 이어받았으니 가우디는 대장장이 후손이었습니다.

대장간은 가우디의 놀이터이며 배움터였습니다. 가우디는 구리와 그 밖의 여러 금속을 만질 수 있었고 불을 다루는 것도 보았습니다.

'납작한 구리 조각이 구부러지고 말려 오목한 그릇이 되다니!'

평면 금속 재료가 입체로 바뀌는 것이 가우디는 신기하기만 하였습니다. 구리를 녹여 그릇으로 바꾸는 데서 상상력과 조형 감각이 싹텄습니다. 훗날 가우디가 어떤 재료든 조각하고 붙일 수 있게 된 것은 이때 뛰어난 기술을 터득한 덕분이었습니다.

그러나 아버지는 가우디가 도시로 나가 공부하기를 바랐습니다.

"대장장이는 곧 할 일이 없어질 거야. 머지않아 기계로 물건을 만드는 시대가 온단다."

가우디의 부모는 레우스를 떠나 도시로 이사를 하였습니다. 자연을 떠난 도시에서의 생활은 또 다른 경험이었습니다. 덕분에 다양한 도시 건축물에도 관심을 갖게 되었습니다.

하지만 학교생활은 여전히 즐겁지 않았고 암기 과목은 싫었습니다. 그래도 수학과 기하학은 열심히 공부했습니다.

학교생활에 만족하지 않던 가우디가 딱 한 번 기쁨을 맛본 일이 있었습니다. 학교 연극제였습니다. 주인공을 맡았거나 출연한 것이 아니라, 연극에 필요한 소품을 준비하고 무대를 꾸미는 일이었습니다. 장면을 구상하고 거기에 맞는 재료를 구해 무대를 꾸미는 일이 가우디는 무척 즐거웠습니다. 가우디의 솜씨를 본 친구들이 감탄하였습니다.

"가우디, 너 보통이 아니구나. 어른들이 꾸몄어도 이렇게 멋지지는 않았을 거야."

"가우디 덕분에 연극이 아니라 진짜 같잖아."

가우디 자신도 무엇을 할 때 행복하고 자신에게 어떤 소질이 있는지 알게 되었습니다.

또 연극제 덕분에 리베라와 토다랑 가까워졌습니다. 두 친구는 역사와 예술에 관심이 많았습니다.

"가우디, 돌아오는 일요일에 타라고나에 가지 않을래?"

"타라고나?"

"유적지야. 오래된 무덤, 로마네스크 양식은 물론 고딕 양식

의 성당도 볼 수 있어."

타라고나는 에스파냐의 건축 역사를 한눈에 볼 수 있는 곳이었습니다. 지중해의 강한 햇살을 받은 색색의 유리 모자이크가 가우디를 사로잡았습니다.

가우디는 열심히 메모하고 스케치를 하며 곰곰이 생각했습니다.

'건물 잔해들은 처음에 어떤 역할을 하던 부분이었을까? 아치가 만들어질 때 어떻게 지탱하게 했을까?'

가우디는 그 뒤로도 타라고나 유적지를 여러 번 둘러보았습니다.

자식 교육을 위해 애쓰는 아버지의 뜻대로 가우디는 1869년 바르셀로나로 가서 가톨릭계 고등학교에 입학하였습니다.

부모 곁을 떠났지만 다행히 그곳에는 먼저 가서 의학 공부를 하는 형이 있었습니다. 거기서 건축 학교 예비 과정을 마칠 수 있었습니다.

1874년 22살의 가우디는 정식 건축 학교에 입학하였습니다. 드디어 건축가가 되기 위한 본격적인 공부를 시작한 것입니다.

그런데 가우디는 강의가 마음에 들지 않았습니다. 건축 구조를 배우고 설계도를 그릴 때, 기존의 건축물을 모방하는 게 무엇보다 싫었습니다.

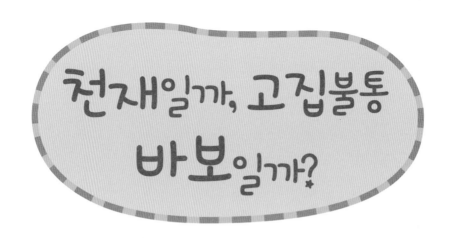

천재일까, 고집불통 바보일까?

가우디는 틈틈이 장인들의 작업실에 나가 일했습니다. 두 아들을 공부시키느라 힘든 부모님을 돕기 위해서였습니다. 이 일은 돈도 벌고 건축의 기본과 장식 기술을 연구하는 기회가 되었습니다. 또 건축가의 조수 일을 하며 제도와 장식 공예 감각도 익혔습니다. 그래서 늘 바빴지만 듣고 싶은 과목은 꼭 신청했습니다.

친구들은 고개를 갸웃거렸습니다.

"바보같이 건축이랑 관계없는 강의를 듣다니, 가우디는 생

각이 없나 봐."

하지만 가우디의 생각은 따로 있었습니다.

'나만의 철학과 사상이 담긴 독특한 건축을 할 거야.'

이런 가우디의 생각과 행동을 로젠 교수도 이해하지 못하고 업신여겼습니다.

"가우디 군은 존경하는 건축가가 누구인가? 누구를 보며 배우고 있나?"

질문을 받은 가우디는 늘 생각하던 것을 대답하였습니다.

"저기 서 있는 나무 한 그루, 몬세라트산의 바위 등 무궁무
진합니다."

몬세라트는 바르셀로나 북서부에 있는 산으로 1,500여 개
의 봉우리로 되어 있었습니다.

가우디의 대답을 들은 학생들은 비웃었습니다.

'저 바보! 로젠 교수 이름만 대면 될걸.'

화가 난 교수는 가우디가 낸 과제물로 학생들 앞에서 창피를 주었습니다.

"대체 이런 걸 낸 녀석은 누구인가? 설계도가 아니라 풍경화로군."

가우디는 이해할 수 없다는 표정으로 대답하였습니다.

"직접 가서 보고 그렸기 때문입니다. 건축은 주변과 어울려야 합니다. 현장에 가 보지 않고 책상에 앉아 설계하는 것은 옳지 못합니다."

'건방진 녀석 같으니라고.'

로젠 교수에게는 자신의 강의에 반박하는 가우디가 좋게 보일 리 없었습니다.

이 무렵 가우디에게는 자신을 이해 못해 주는 학교생활보다 더 힘든 일이 일어났습니다. 1876년 스물다섯 살밖에 안 된 형 프란시스코가 세상을 떠난 것입니다.

엎친 데 덮친 격으로 얼마 지나지 않아 어머니마저 세상을 떠났습니다. 힘이 되었던 가족을 한꺼번에 잃은 가우디는 너

무 슬펐습니다. 슬픔을 이기기 위해 가우디는 장인들의 작업실에서 일하며 건축과 관련된 책을 읽었습니다. 건축물을 돌아보고 도서관에 파묻혀 지냈습니다.

그렇게 학업을 계속한 끝에 졸업 작품을 내야 할 때가 되었습니다. 가우디는 대학 강당을 설계하였습니다. 모든 학생들이 작업에 들어갔는데 누구도 어려워하지 않았습니다. 이론으로 배운 공식에 맞춰 유명한 건축가들의 작품을 모방하면 되었으니까요.

그렇지만 가우디의 생각은 달랐습니다.

'건축은 예술이야. 어떻게 다른 사람이 한 것과 똑같이 할 수가 있지?'

가우디는 독특한 설계를 시도했습니다. 하지만 그의 작품은 받아들여지지 않았습니다. 결국 졸업이 보류되고 말았습니다. 졸업장을 받아야 건축가 자격을 얻는데 말이에요.

그동안 가우디의 특별한 안목을 좋게 보던 빌야르 교수가 한 가지 제안을 했습니다.

"가우디 군, 설계도를 수정하게. 전통에 따라 그리면 되는 일이네."

가우디는 전혀 내키지 않았지만 생각을 고쳐먹었습니다.

'이번 한 번만이야! 일단 졸업을 해야 내 마음에 드는 건물을 지을 수 있으니까.'

가우디는 그의 일생에 처음이자 마지막으로 설계도를 바꿨고, 교수들끼리 투표를 한 끝에 겨우 졸업이 확정되었습니다. 졸업장을 주며 로젠 교수는 이렇게 말했습니다.

"천재에게 주는 건지, 바보에게 주는 건지 모르겠군!"

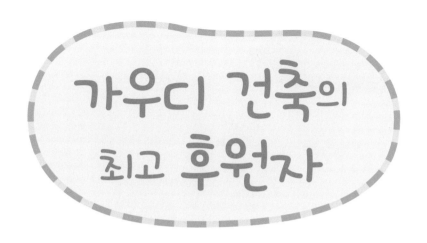

가우디 건축의
최고 후원자

졸업을 한 가우디는 작은 작업실을 마련하였습니다. 바르셀로나의 산 하이메 광장 근처였습니다.

가우디는 작업용 책상부터 만들었습니다. 덫에 걸린 새와 곤충을 조각했고, 다람쥐, 도마뱀, 덩굴손 등을 넣었습니다.

책상 하면 누구나 네모반듯한 것을 생각했지만 가우디는 세상에 단 하나밖에 없는 자기만의 모양을 만들었습니다. 이미 있는 형식에 맞출 필요도 없고, 교수의 마음에 들기 위해 억지로 하지 않아도 되니 무엇보다 즐거웠지요.

책상에 앉으면 딱딱한 사무실이 아니라 자연 속에 있는 것 같았습니다.

아직 일감이 많지 않았지만 가우디는 결코 서두르지 않았습니다.

'이제 시작하는 사람한테 큰일을 맡길 사람은 없겠지만, 기회는 반드시 올 거야.'

가우디는 소품에서 가구까지 자신의 예술 감각을 나타낼 수 있는 것이라면 뭐든 했습니다. 공식에 맞춰, 틀에 짜인 일을 하지 않는 것만으로도 만족스러웠습니다.

드디어 바라던 기회가 찾아왔습니다. 곤잘로 고메야가 일을 맡겨 온 것입니다.

"파리 만국 박람회에 전시할 독특한 장갑 진열대를 만들어 주시오."

"꼭 만들었으면 하는 모양이라도 있나요?"

"아직 생각해 보지 않았으니, 알아서 해 주세요."

가우디에게는 참으로 다행스러운 일이었습니다. 기존의 형식에 얽매이지 않아도 되었으니까요.

어려서부터 보고, 직접 해 본 실력으로 재료를 골라 진열대를 만들었습니다.

가우디의 진열대는 많은 사람들의 눈길을 끌기에 충분했습니다.

"이건 진열대가 아니라 예술 작품이군!"

박람회장에 다녀온 사람들은 진열품은 떠오르지 않았지만 진열대는 기억에 남았습니다.

이렇게 사람들의 관심을 끈 진열대는 가우디에게 크나큰 기회를 가져다주었습니다.

박람회가 끝난 후 어느 날, 한 신사가 가우디를 찾아왔습니다. 연락을 받은 가우디는 밖으로 나갔습니다. 찾아온 사람은 놀랍게도 바르셀로나는 물론 에스파냐에서 잘 알려진 사업가 에우세비 구엘이었습니다.

가우디는 인사하는 것도 잊고 물었습니다.

"어떻게 저를 찾아오셨는지……."

"당신의 멋진 작품을 보았습니다. 꼭 만나고 싶었어요."

"제 작품이라면……."

"파리 박람회장의 진열대 말입니다."

안으로 들어온 구엘은 가우디의 작업용 책상을 보고 다시

한 번 감탄했습니다.

"역시 멋집니다! 여태 보아 온 것들과 전혀 다른 독특함으로 다가오는군요. 죽어 있는 물건이 아니라 살아 있는 예술품입니다."

이때부터 구엘은 가우디의 든든한 후원자가 되었습니다. 가우디보다 여섯 살이 많았는데 둘은 친구처럼 지냈습니다. 구엘은 자신의 장인인 코미야스 후작을 가우디에게 소개해 주었습니다. 후작은 가우디에게 의자를 주문하였습니다. 그 의자 역시 독특하고 멋진 디자인으로 후작을 만족시켰습니다.

구엘의 후원은 한 번으로 그치지 않았으며, 1883년에는 자기 가문의 건축가로 임명했습니다. 두 사람의 관계는 40여 년간 이어지며 구엘 궁전과 공원, 포도주 저장고, 납골당 등 많은 건축물을 남겼습니다.

1910년 구엘은 자신의 돈으로 가우디 전시회를 열어 주기까지 하였습니다.

이야기와
자연을 담아

드디어 가우디에게 정식 일감이 들어왔습니다. 비센스가 집을 지어 달라고 한 것입니다.

가우디는 맨 먼저 집이 지어질 땅을 보러 갔습니다.

'양탄자처럼 피어 있는 금잔화, 꽃 속의 벌레들, 야자수 사이를 날아다니는 새들!'

가우디는 이 아름다운 풍경을 마음에 새겼습니다. 마음에 담은 것들을 하나하나 건축물에 나타냈습니다. 정문에는 야자수 잎 모양의 철책을 조각했습니다.

가우디의 상상력은 끝이 없었습니다.

'자연을 통해 빛과 색을 만들어 내면 되겠구나.'

건축주가 타일 공장 사장인 것을 알고 외벽에 촘촘히 타일을 붙였습니다. 타일은 아침부터 해가 질 때까지 빛이 비치는 방향에 따라 반짝이고, 분수대 물은 무지개를 만들었습니다.

전통 방법을 그대로 사용하던 시대에 가우디는 어떠한 양식도 아닌 가우디만의 건축을 하였던 것입니다.

가우디의 생각을 가장 잘 이해해 준 사람은 후원자 구엘이었습니다. 구엘은 별장을 지어 달라고 하며 모든 것을 가우디에게 맡기고 그의 생각을 존중했습니다.

가우디의 머릿속에는 그리스 신화에 나오는 장면들이 하나하나 그려졌습니다.

'대문에 황금 사과나무 기둥을 세우고, 문에는 그것을 지키는 뱀 라돈을 만들자.'

아가리를 크게 벌린 뱀을 강철로 만들었는데 금방이라도 튀쳐나올 듯하였습니다.

'황금 사과를 지키지 못한 잠의 세 요정은 포플러와 버드나무, 느릅나무를 심어 나타내자.'

이처럼 신화를 담은 별장이 무척 마음에 든 구엘은 그 뒤에 또 다른 제안을 하였습니다.

"그리스 신화의 파르나소스산을 닮은 공원을 만들고 싶소. 사람들의 휴식처 말이오."

구엘이 사들인 페라다산은 공원을 만들기에는 적당하지 않았습니다. 그러나 가우디는 자신의 꿈을 맘껏 나타낼 수 있었습니다.

'자연을 그대로 살리는 게 가장 사람의 마음을 편안하게 한다. 물길은 막지도 돌리지도 않아야지. 모든 것을 그대로 이용하는 거야.'

산을 깎아 내지 않고 구불구불 길을 내었습니다.

비싸고 화려한 식물을 심을 거란 사람들의 짐작도 빗나갔습니다. 원래 있던 나무들을 심고, 저택도 산의 일부처럼 앉혔습니다. 돌과 흙도 그곳에서 얻은 것을 사용하여 색깔까지 주위

와 어우러져 원래부터 있던 건물로 보였습니다. 공원 계단에는 분수를 세 개 만들었습니다. 분수에 만든 용의 입에서 물이 나왔습니다. 아폴론 신에 의해 땅속에 갇혀 물을 지키는 용을 표현한 것입니다. 건물에 떨어진 빗물이 기둥을 타고 내려 저장고에 모였다가 나오게 한 것이었습니다.

가우디는 인부들에게 깨진 타일이나 쇳조각을 출근할 때 주워 오게 하였습니다. 조심조심 배달된 새 타일에 망치를 내리쳐 깨뜨리기도 했습니다.

"앗, 왜 이러십니까? 멀쩡한 타일을 깨뜨리시다니!"

깜짝 놀란 배달원에게 가우디는 아무렇지도 않은 목소리로 말했습니다.

"허허허, 자연에는 같은 게 하나 없는데, 어떻게 이런 반듯반듯한 타일을 붙일 수 있겠소."

타일을 붙일 때면 일일이 간섭하고 직접 붙이다가도 마음에 들지 않으면 뜯어냈습니다. 아름다운 타일 조각을 잇고 이어 벤치를 만들었습니다. 물론 반복된 모양은 없었습니다. 형형

색색의 타일은 낮에는 햇빛을, 밤에는 달빛을 받아 아름답기 그지없었습니다.

가우디의 상상력으로 1901년부터 1914년에 걸쳐 만들어진 구엘 공원은 동화 세상이었습니다. 자연과 어우러진 공원

구엘 공원 | 동화의 나라에 온 듯 환상적인 느낌을 주는 구엘 공원은 가우디의 건축물 가운데 가장 아름다운 작품이라는 평가를 받고 있습니다.

에서 내려다보이는 지중해는 참으로 아름다웠습니다. 사람들은 신이 땅으로 내려온다면 살고 싶은 곳이 구엘 공원일 것이라고 말했습니다.

"어릴 적 꿈꾼 동화의 나라에 온 것만 같아요. 어른과 아이 모두에게 즐거움을 주는 곳이네요."

구엘 공원은 바르셀로나에 기증되어 시민의 휴식 공간뿐 아니라, 세계인의 관광지가 되었습니다.

1898년 칼베트 부인이 가우디에게 건축을 부탁했습니다.

"지금은 저세상 사람이지만 남편은 공동 주택을 짓고 싶어 했답니다."

가우디는 건물이 들어설 곳을 살피고, 칼베트 씨에 대하여 알아보았습니다.

'건물은 겉모양도 아름답지만 사람과도 잘 어울려야 해.'

드디어 건물이 완성되었습니다. 건물을 본 사람들은 누구나 칼베트 씨를 떠올렸습니다.

"발코니가 뿔나팔버섯이네요! 저건 닭벼슬버섯이고요."

"입구의 두 기둥은 실꾸리예요! 칼베트 씨 건물이군요."

칼베트는 살아 있을 때 직물 공장을 운영했으며, 버섯 박사이기도 했던 것입니다.

누구보다 감격한 사람은 칼베트 부인이었어요.

"구석구석까지 남편의 숨결을 넣어 주셨네요!"

이 건물이 카사 칼베트랍니다. 카사는 에스파냐어로 집이라는 뜻이에요. 카사 칼베트는 높이 제한이 22미터인 건축법에 어긋났기 때문에 문제가 많았어요. 그렇지만 아름다운 설계도를 본 시청 직원이 그냥 넘어가는 바람에 지을 수 있었고, 바르셀로나 건축상을 받게 되었습니다.

이제 가우디의 실력을 인정하는 사람이 많아졌습니다. 1904년에는 바트요 씨가 그라시아 거리에 있는 낡은 건물을 고쳐 달라고 부탁해 왔습니다.

'해골 모양의 발코니를 만들고, 창가에는 허벅지 뼈를 닮은 기둥을 세우면 되겠군.'

가우디만의 상상력으로 지어진 카사 바트요는 동화 속 해골 집을 연상시켰습니다. 흰색과 초록색, 그리고 푸른색의 유리 모자이크도, 바람개비처럼 돌아가는 모양의 채광창이 있는 천장도 환상적이었습니다.

카사 바트요를 본 밀라라는 사람도 공동 주택을 지어 달라고 부탁해 왔습니다.

'자연에는 직선이 없어. 그래, 곡선의 건물을 지어 보자.'

카사 밀라는 돌로 지었습니다. 발코니에는 쇠로 해초를 만들었습니다. 카사 밀라가 햇빛을 받으면 지중해의 파도처럼 반짝였고 건물은 살아 움직이는 것 같았습니다.

"물결치듯 끝없이 이어지는 곡선이 돌로 만들어졌다니 믿어지지 않는군."

"바다에서 갓 뜯어온 것 같은 해초가 쇠로 만들어졌다는 것은 믿어지나?"

옥상의 굴뚝과 환기탑도 원시인이 만든 것 같으면서 숨을 쉬는 생명체처럼 보였습니다. 자신만의 상상력과 감각을 나타내는 데는 어려움도 많았습니다. 건물을 짓는 동안 마음에 들지 않으면 들 때까지 다시 시켜야 하는 것도 그중 하나였습니다.

카사 밀라를 지을 때도 몇 번이나 뜯어내고 다시 하게 하자, 일꾼이 불만을 터뜨렸습니다.

카사 밀라 주택 발코니 전경 | 가우디가 1910년에 완성한 건물입니다. 타일 장식의 환풍구, 기사나 마녀 모습의 굴뚝이 독특한 아름다움을 선사합니다.

"설계도는 있는 겁니까?"

가우디는 주머니에서 구겨진 종이 한 장을 꺼내 보였습니다. 그건 설계도가 아니라 건축을 맡으면서부터 떠오르는 생각들을 적어 놓은 것이었습니다. 주위와 어우러질 것까지 생각하며 연구한 메모였지요.

'풍경화인가? 설계도도 없이 세세한 부분들을 해내다니, 뛰어난 감각이군.'

감탄한 일꾼은 그의 지시에 따르게 되었습니다. 대부분의

건축가는 책상에서 설계하여 일꾼에게 맡기지만 가우디는 늘 현장에 있었습니다.

돌과 강철로 지은 건물과 조각에도 혼을 불어넣으려 하였습니다. 가우디의 노력과 창의력을 만난 돌과 철은 밀가루 반죽이나 된 듯 섬세하고 정교한 건축물이 되었습니다.

나무줄기처럼 뒤틀리고 울퉁불퉁하며 기우뚱한 기둥 등 상식을 파괴한 것은 그만의 자연 사랑에서 나왔습니다. 조용히 자연을 관찰하여 얻은 상상은 보는 이를 즐겁게 하는 공원을 만들었습니다.

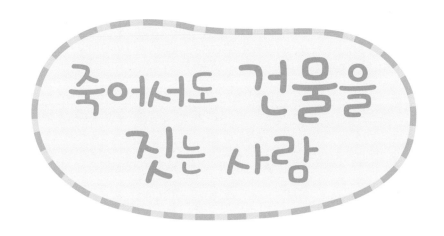

죽어서도 건물을 짓는 사람

가우디에게 건축은 무생물이 아니라, 인간과 함께 숨 쉬는 생명체였습니다. 그의 많은 건물 중에 일생을 바쳐 지은 것이 있었습니다. 바로 성가족 대성당이라 불리는 사그라다 파밀리아입니다. 사그라다 파밀리아는 처음에 가우디의 스승인 비야르가 맡았습니다. 그런데 성당 건축위원회는 건물을 싸게 짓는 데만 정신을 쏟았습니다. 이에 마음이 불편해진 비야르가 다음 해인 1883년의 어느 날 가우디를 불러 말했습니다.

"내가 그만두게 되어 자네를 추천했네. 나보다 신앙심도 강

하니까 맡아 주게.”

가우디는 그 순간 어머니의 말이 떠올랐습니다.

‘하느님은 네게 특별한 일을 맡기기 위해 남보다 약하게 만
드셨을 거야.’

성당을 짓는 일이야말로 특별한 일일 거라고 믿은 가우디는
책임자 일을 받아들였습니다.

‘신이 머무는 곳, 세상 모든 사람이 기도하며 위안을 받는 열

린 공간을 만들자.'

가우디는 이렇게 결심한 후 그때까지의 설계도를 모두 버리고 새로 구상하였습니다.

'먼저 세 개의 파사드로 나누자. 동쪽에 탄생, 서쪽에 수난, 남쪽에 영광이란 주제를 나타내는 거야.'

파사드란 건축물의 입구가 되는 정면을 말합니다. 각 파사드에는 네 개의 첨탑을 세우기로 했습니다. 총 열두 개의 첨탑은 예수의 12제자를 나타내는 것이었습니다.

먼저 동쪽의 본 건물부터 시작하였습니다. 컴퓨터 시뮬레이션도 없고, 복잡한 구조를 계산해 내는 시대도 아니었습니다. 그런데도 웅장한 건물을 지을 수 있는 것은 가우디가 아니면 할 수 없는 일이었습니다. 가우디는 모형을 만들어 구조 실험을 했습니다. 긴 와이어로프의 마디마디에 모래주머니를 매달아 견디는 힘을 계산했지요. 로프가 늘어지는 모양에 따라 건물 구조를 만들고, 압력과 떠받치는 힘을 계산하여 기둥의 위치와 개수를 정해 나갔습니다.

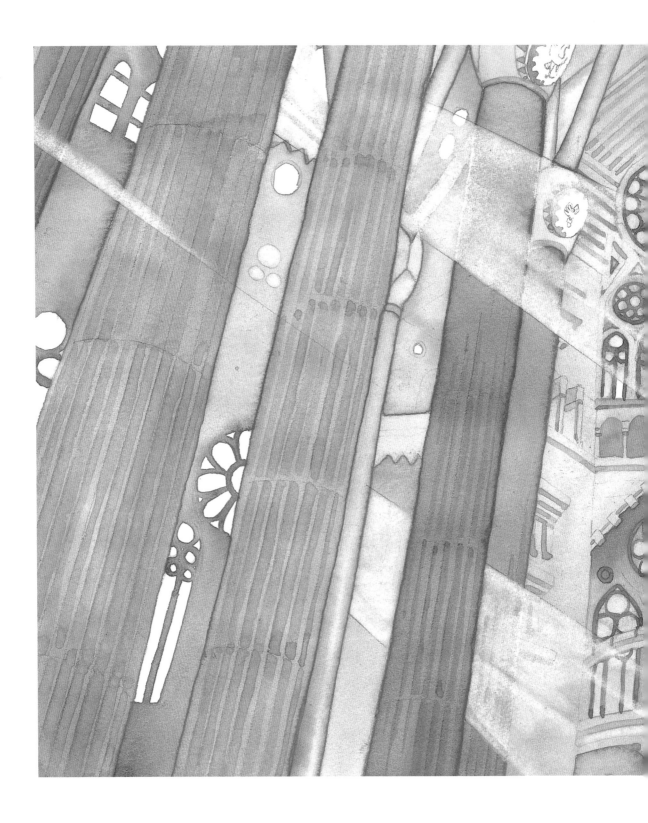

천장은 동물의 둥지 모양에서 따오는 등 하나하나가 자연을 그대로 닮은 설계였습니다. 천장에 낸 벌집을 연상하는 창으로 빛이 고스란히 들어오게 하였습니다.

햇살이 들어와 나무처럼 늘어선 기둥 사이로 비쳤습니다.

파사드 벽에는 예수의 탄생 이야기를 차례대로 조각하였습니다.

'돌로 만들어진 성서가 되도록 하자.'

가우디는 이제 다른 일은 다 제쳐 두고 성당 건축에만 힘썼습니다. 그는 자신의 생전에 다 지을 수 없다는 것을 알고 있었습니다. 그러나 조금도 서두르지 않았습니다. 조각품 하나하나를 실제와 같도록 했습니다. 살아 있는 곤충을 보며 모형을 떴고, 인물상을 만들 때는 올려다보고 내려다보며 양 옆은 물론 거울에 비친 모습까지 살펴보았습니다. 실제로 놓였을 때 사람들이 볼 각도까지 생각했습니다. 그래서 성가족 대성당에 새겨진 인물들을 보면 모두 살아 있는 듯하였습니다.

가우디는 죽을 때까지 43년 동안 성가족 대성당을 짓는 일

사그라다 파밀리아 대성당 | 가우디는 세상을 떠났지만 대성당은 아직도 천재 건축가 가우디의 설계대로 짓고 있습니다.

에 매달렸습니다. 마지막 10년은 현장에서 숙식을 하며 인부들과 함께 지냈습니다.

그날도 가우디는 산 펠립 네리 광장을 산책하며 생각에 빠져 있었습니다. 그러다 그만 달려오는 전차에 치이고 말았습니다. 그리고 사흘 후 숨을 거두었습니다. 1926년 6월 10일이었습니다.

가우디는 죽었지만 성가족 대성당은 130년이 지난 지금도 그의 설계에 따라 짓고 있습니다. 죽어서도 건축을 한다고 봐야겠지요. 그의 마지막 작품인 성가족 대성당은 지금도 세계의 이목을 끌며 완성을 향해 진행되고 있습니다. ✽

가우디의 삶

연 대	발 자 취
1852년(0세)	6월 25일 에스파냐 카탈루냐 지역 레우스에서 태어나다.
	다섯 번째로 태어났으나 두 번째 아이가 되다.
1863년(11세)	레우스에서 베렌게로 초등학교를 다니다.
1868년(16세)	에스코라피오스 수도회 학교 중등 과정을 마치다.
1869년(17세)	바르셀로나 가톨릭계 고등학교 건축 예비 과정에 입학하다.
1874년(22세)	정식 건축 학교에 입학하다(Ebcola Superior D'arquitectura).
1876년(24세)	형과 어머니의 죽음을 겪다.
1877년(25세)	졸업 작품으로 「대학 강당」을 설계했으나 통과하지 못하다.
	「분수대」를 설계하여 다시 제출하다.
1878년(26세)	3월 15일 건축 학교를 졸업하며 건축사 자격증을 받다.
	4월, 산 하이메 광장 근처 4층에 개인 사무실을 열다.
	파리 만국 박람회 때 곤잘로 고메야의 진열대를 만들다.
	에우세비 구엘 바시갈루피가 찾아와 만나다.
1883년(31세)	구엘 가문의 건축가로 임명되다.
	사그라다 파밀리아의 책임 건축가가 되다.(1926년 죽을 때까지)
1878~1888년	카사 비센스를 짓다.
1884~1887년	구엘 별장을 짓다.
1886~1888년	구엘 궁전을 짓다.
1898~1900년	카사 칼베트를 짓다.
1901~1914년	구엘 공원을 만들다.
1904~1906년	카사 바트요를 짓다.
1906~1910년	카사 밀라를 짓다.
1910년(58세)	구엘이 파리 그랑 팔레에서 '가우디 전시회'를 열어 주다.
1917~1926년	사그라다 파밀리아 성당 현장에서 인부들과 함께 먹고 자며 지내다.
1926년(74세)	6월 7일 전차에 치이다. 6월 10일 세상을 떠나다.
1984년	가우디의 건축 7개가 유네스코 세계 문화유산으로 등재되다.

1. 가우디는 늘 설계도를 그림으로 그렸습니다. 여기서 알 수 있는 건축에 대한 가우디의 생각은 무엇인가요?

화가 난 교수는 가우디가 낸 과제물로 학생들 앞에서 창피를 주었습니다.

"대체 이런 걸 낸 녀석은 누구인가? 설계도가 아니라 풍경화로군."

카사 밀라를 지을 때도 몇 번이나 뜯어내고 다시 하게 하자, 일꾼이 불만을 터뜨렸습니다.

"설계도는 있는 겁니까?"

가우디는 주머니에서 구겨진 종이 한 장을 꺼내 보였습니다. 그건 설계도가 아니라 건축을 맡으면서부터 떠오르는 생각들을 적어 놓은 것이었습니다. 주위와 어우러질 것까지 생각하며 연구한 메모였지요.

'풍경화인가? 설계도도 없이 세세한 부분들을 해내다니, 뛰어난 감각이군.'

2. 가우디는 남의 것을 보고 그대로 따라하는 것을 싫어 하였습니다. 그래서 자기만의 생각으로 새로운 것을 만들었습니다. 기존에 있는 것을 따라하는 것(1)과 새로 만드는 것(2)을 나타내는 말은 각각 무엇일까요?

3. 다음 글을 보면 그릇은 입체라는 걸 알 수 있습니다. 여러 가지 재료로 입체인 건물을 짓는 사람을 가리키는 말은 무엇일까요?

'납작한 구리 조각이 구부러지고 말려 오목한 그릇이 되다니!'
평면 금속 재료가 입체로 바뀌는 것이 가우디는 신기하기만 하였습니다.

4. 가우디는 건물을 지을 때마다 무엇을 중요하게 여겼나요?

5. 사람은 어떤 고비만 넘기면 좋겠다고 하고서, 시간이 지나면 곧 잊어버리고 감사하기보다 욕심을 부리고 불평도 하지요. 그런데 아래 글을 보면 가우디 어머니는 그렇지 않았어요. 여러분도 그런 경험이 있으면 써 보세요.

엄마는 가우디가 태어나던 날을 떠올렸습니다.
'사내아이인데, 워낙 약해서 살 가망이⋯⋯.'
산파가 말을 잇지 못하자 엄마는 가슴이 덜컹 내려앉았습니다.
가우디가 다섯 번째 아이지만 이미 위로 자식 둘을 잃은 터였습니다. 그때에 비하면 지금 상태도 얼마나 감사한지 모른다고 엄마는 말하곤 했습니다.

6. 아래 글을 읽고 어떤 느낌이 들었는지 적어 보세요.

> 카사 칼베트는 높이 제한이 22미터인 건축법에 어긋났기
> 때문에 문제가 많았어요. 그렇지만 아름다운 설계도를 본 시
> 청 직원이 그냥 넘어가는 바람에 지을 수 있었고, 바르셀로나
> 건축상을 받게 되었습니다.

_____

_____

_____

7. 존경하는 건축가가 누구며, 누구를 보며 배우느냐는 교수의 질문에 가우
   디는 자연이라고 대답했어요. 그런 가우디를 친구들은 바보라고 놀리고
   교수도 건방지다고 여겼어요. 여러분이라면 어떻게 대답하겠는지 자기 생
   각을 써 보세요.

_____

_____

_____

풀이

1. 건축은 주변과 어울려야 한다. 현장에 가 보지 않고 책상에 앉아 설계하는 것은 옳지 않다.

2. (1) 모방 (2) 창조

3. 건축가

4. 가우디는 건물은 주변 환경과 어우러져야 하며, 거기에 사는 사람의 마음을 편안하게 해야 한다는 점을 중요하게 생각했다.

5. 예시 1 : 놀이터에서 동생을 잃어 버렸을 때, 앞으로 정말 사이좋게 지낼 테니 제발 찾게만 해 달라고 빌었다. 그런데 지금도 자주 싸운다.
   예시 2 : 숙제를 못 해 갔을 때, 오늘 한 번만 검사를 않고 넘어간다면 다시는 그런 일 없을 거라고 다짐했다. 그랬더니 정말로 검사하지 않으셨다. 그런데 요즘도 숙제를 못 해 갈 때가 있다.

6. 예시 1 : 참 다행이다. 건축법대로만 하여 짓지 못하게 하였다면 아름다운 건물 하나가 지어지지 못했고 가우디는 상도 못 받았을 것이다.
   예시 2 : 내가 담당 공무원이었다면 정해진 법을 따랐을 것이다.

7. 예시 1 : 친구들에게 비웃음을 사고, 교수에게 건방지다고 오해 받으면 학교 생활이 즐겁지 않을 테니까 교수 이름을 대겠다. 마음속으로는 아니라고 하면 되니까.
   예시 2 : 내가 존경하는 것이 따로 있으면 그대로 대답하겠다. 사람은 솔직해야 하니까.
   예시 3 : 교수님께 배울 점도 있고, 자연에서도 배우고 있다고 대답하겠다. 자기만의 독창성도 중요하지만 기본적인 건축 지식도 필요한 게 사실이니까.

최무선
(1328~1395)

황희
(1363~1452)

세종
대왕
(1397~1450)

장영실
(?~?)

신사임당
(1504~1551)

이이
(1536~1584)

허준
(1539~1615)

유성룡
(1542~1607)

한석봉
(1543~1605)

이순신
(1545~1598)

오성과
한음
(오성 1556~
1618 /
한음 1561~
1613)

광개토
태왕
(374~412)

연개
소문
(?~666)

을지문덕
(?~?)

김유신
(595~673)

장보고
(?~846)

대조영
(?~719)

왕건
(877~943)

강감찬
(948~1031)

고구려
살수
대첩
(612)

신라
삼국
통일
(676)

견훤
후백제
건국
(900)

궁예
후고구려
건국
(901)

고려
강화로
도읍
옮김
(1232)

개경
환도,
삼별초
대몽
항쟁
(1270)

문익점
원에서
목화씨
가져옴
(1363)

최무선
화약
만듦
(1377)

임진
왜란
(1592~1598)

한산도
대첩
(1592)

허준
동의보감
완성
(1610)

병자
호란
(1636)

상평
통보
전국
유통
(1678)

고조선
건국
(B.C. 2333)

철기
문화
보급
(B.C.
300년경)

고조선
멸망
(B.C. 108)

고구려
불교
전래
(372)

신라
불교
공인
(527)

대조영
발해
건국
(698)

장보고
청해진
설치
(828)

왕건
고려
건국
(918)

귀주
대첩
(1019)

윤관
여진
정벌
(1107)

조선
건국
(1392)

훈민
정음
창제
(1443)

| B.C. | 선사 시대 및 연맹 왕국 시대 | A.D. | 삼국 시대 | 698 남북국 시대 | 918 | 고려 시대 | 1392 |

| 2000 | 500 | 400 | 300 | 100 | 0 | 300 | 500 | 600 | 800 | 900 | 1000 | 1100 | 1200 | 1300 | 1400 | 1500 | 1600 |

| B.C. | 고대 사회 | A.D. 375 | 중세 사회 | 1400 |

중국
황하
문명
시작
(B.C.
2500년경)

인도
석가모니
탄생
(B.C. 563년경)

알렉
산더
대왕
동방
원정
(B.C. 334)

크리
스트교
공인
(313)

게르만
민족
대이동
시작
(375)

로마
제국
동서로
분열
(395)

수나라
중국
통일
(589)

수 멸망
당나라
건국
(618)

이슬람교
창시
(610)

러시아
건국
(862)

거란
건국
(918)

송 태종
중국
통일
(979)

제1차
십자군
원정
(1096)

테무친
몽골
통일
칭기즈
칸이 됨
(1206)

원 제국
성립
(1271)

원 멸망
명 건국
(1368)

잔
다르크
영국군
격파
(1429)

구텐
베르크
금속
활자
발명
(1450)

코페르니
쿠스
지동설
주장
(1543)

도요토미
히데요시
일본
통일
(1590)

독일
30년
전쟁
(1618)

영국
청교도
혁명
(1642~16)

뉴턴
만유
인력의
법칙
발견
(1665)

석가모니
(B.C. 563?~
B.C. 483?)

예수
(B.C. 4?~
A.D. 30)

칭기즈 칸
(1162~1227)

한국사 연표

인물
- 정약용 (1762~1836)
- 김정호 (?~?)
- 주시경 (1876~1914)
- 김구 (1876~1949)
- 안창호 (1878~1938)
- 안중근 (1879~1910)
- 우장춘 (1898~1959)
- 방정환 (1899~1931)
- 유관순 (1902~1920)
- 윤봉길 (1908~1932)
- 이중섭 (1916~1956)
- 백남준 (1932~2006)
- 이태석 (1962~2010)

사건
- 이승훈 천주교 전도 (1784)
- 최제우 동학 창시 (1860)
- 김정호 대동여지도 제작 (1861)
- 강화도 조약 체결 (1876)
- 지석영 종두법 전래 (1879)
- 갑신정변 (1884)
- 동학 농민 운동, 갑오개혁 (1894)
- 대한제국 성립 (1897)
- 을사조약 (1905)
- 헤이그 특사 파견, 고종 퇴위 (1907)
- 한일 강제 합방 (1910)
- 3·1 운동 (1919)
- 어린이날 제정 (1922)
- 윤봉길·이봉창 의거 (1932)
- 8·15 광복 (1945)
- 대한민국 정부 수립 (1948)
- 6·25 전쟁 (1950~1953)
- 10·26 사태 (1979)
- 6·29 민주화 선언 (1987)
- 서울 올림픽 개최 (1988)
- 북한 김일성 사망 (1994)
- 의약 분업 실시 (2000)

시대 구분
조선 시대 | 1876 개화기 | 1897 대한 제국 | 1910 일제 강점기 | 1948 대한민국

연도
1700 · 1800 · 1850 · 1860 · 1870 · 1880 · 1890 · 1900 · 1910 · 1920 · 1930 · 1940 · 1950 · 1970 · 1980 · 1990 · 2000

근대 사회 | 1900 현대 사회

세계사 연표

사건
- 미국 독립 선언 (1776)
- 프랑스 대혁명 (1789)
- 청·영국 아편 전쟁 (1840~1842)
- 미국 남북 전쟁 (1861~1865)
- 베를린 회의 (1878)
- 청·프랑스 전쟁 (1884~1885)
- 청·일 전쟁 (1894~1895)
- 헤이그 평화 회의 (1899)
- 영·일 동맹 (1902)
- 러·일 전쟁 (1904~1905)
- 제1차 세계 대전 (1914~1918)
- 러시아 혁명 (1917)
- 세계 경제 대공황 시작 (1929)
- 제2차 세계 대전 (1939~1945)
- 태평양 전쟁 (1941~1945)
- 국제 연합 성립 (1945)
- 소련 최초 인공위성 발사 (1957)
- 제4차 중동 전쟁 (1973)
- 소련 아프가니스탄 침공 (1979)
- 미국 우주 왕복선 콜럼비아 호 발사 (1981)
- 독일 통일 (1990)
- 유럽 11개국 단일 통화 유로화 채택 (1998)
- 미국 9·11 테러 (2001)

인물
- 워싱턴 (1732~1799)
- 페스탈로치 (1746~1827)
- 모차르트 (1756~1791)
- 나폴레옹 (1769~1821)
- 링컨 (1809~1865)
- 나이팅게일 (1820~1910)
- 파브르 (1823~1915)
- 노벨 (1833~1896)
- 에디슨 (1847~1931)
- 가우디 (1852~1926)
- 라이트 형제 (형, 윌버 1867~1912 / 동생, 오빌 1871~1948)
- 마리 퀴리 (1867~1934)
- 간디 (1869~1948)
- 아문센 (1872~1928)
- 슈바이처 (1875~1965)
- 아인슈타인 (1879~1955)
- 헬렌 켈러 (1880~1968)
- 테레사 (1910~1997)
- 만델라 (1918~2013)
- 마틴 루서 킹 (1929~1968)
- 스티븐 호킹 (1942~2018)
- 오프라 윈프리 (1954~)
- 스티브 잡스 (1955~2011)
- 빌 게이츠 (1955~)

2021년 10월 25일 1판 5쇄 **펴냄**
2014년 2월 25일 1판 1쇄 **펴냄**

펴낸곳 (주)효리원
펴낸이 윤종근
글쓴이 이붕 · **그린이** 김윤조
등록 1990년 12월 20일 · **번호** 2-1108
우편 번호 03147
주소 서울시 종로구 삼일대로 457, 1206호
전화 02)3675-5222 · **팩스** 02)765-5222

ⓒ2014. (주)효리원

ISBN 978-89-281-0335-5 64990

이메일 hyoreewon@hyoreewon.com
홈페이지 www.hyoreewon.com